To my mother who taught me the love for music ☺

A mi madre quien me inculcó el amor por la música ☺

BOOK 1: RHYTHM

Pulse, Rhythm Note Values and Rhythm   p. 5

The **pulse** is the heartbeat of the music. It can be fast (as when we run) or slow (as when we walk).

The **rhythm note values** are signs with different durations. They can be long or short.

Let's learn some rhythm note values: **one quarter note** or **one crotchet** (blue or ta), **two eighth notes** or **two quavers** (cherry or ti-ti), **one triplet** (pineapple or ti-ti-ti) and **four sixteenth notes** or **four semiquavers** (huckleberry or ti-ti-ti-ti). Each quarter note and each one of these group of rhythm notes corresponds to 1 pulse or 1 beat.

The **rhythm** is the combination of these rhythm notes values.

Quarter Rest   p. 30

Each rhythm note value has its own respective silence value or rest value. We'll start with the **quarter rest** (Shh). The quarter note equals to 1 pulse or 1 beat, therefore, the quarter rest also equals to 1 pulse or 1 beat.

TO REMEMBER

➤ Pulse

➤ Rhythm Note Values: quarter note, eighth note, triplet, sixteenth note

➤ Rhythm

➤ Quarter Rest

LIBRO 1: RITMO

Pulso, Notas Rítmicas y Ritmo p. 5

El **pulso** es el latido del corazón de la música. Puede ser rápido (como cuando corremos) o lento (como cuando caminamos).

Las **notas rítmicas** son signos con diferente duración. Estas pueden ser largas o cortas.

Aprendamos las notas rítmicas: **una negra** (pan o ta), **dos corcheas** (casa o ti-ti), **un tresillo** (plátano o ti-ti-ti) y **cuatro semicorcheas** (mariposa o ti-ti-ti-ti). Cada negra y cada uno de estos grupos de notas rítmicas corresponden a 1 pulso o a 1 tiempo.

El **ritmo** es la combinación de estas notas rítmicas.

El silencio de negra p. 30

Cada nota rítmica tiene su respectivo valor de silencio. Empezaremos con el **silencio de negra** (Shh). La negra equivale a 1 pulso o a 1 tiempo, por lo tanto, el silencio de negra también equivale a 1 pulso o a 1 tiempo.

PARA RECORDAR

➤ Pulso

➤ Notas Rítmicas: negra, corchea, tresillo y semicorchea

➤ Ritmo

➤ Silencio de negra

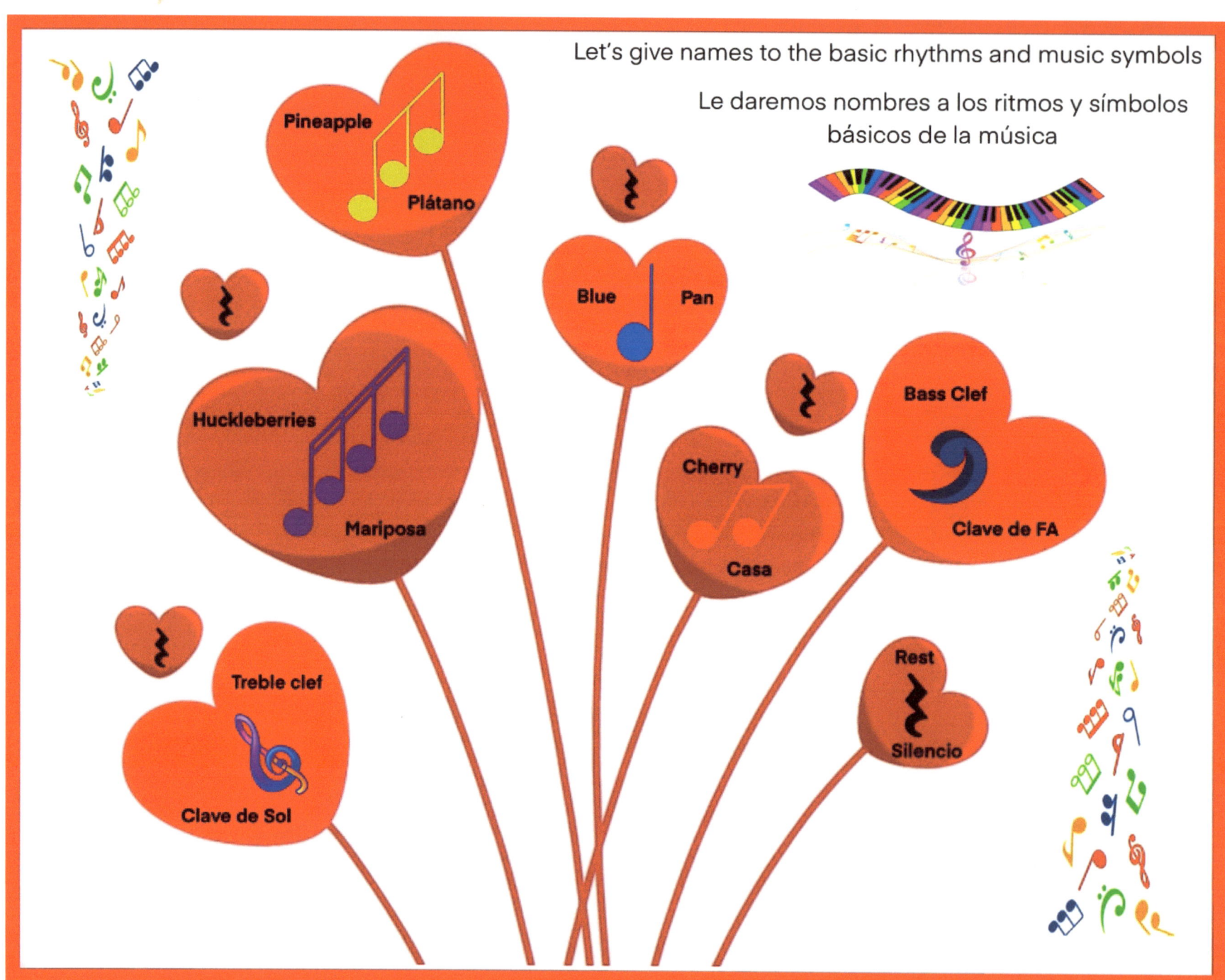

Let's give names to the basic rhythms and music symbols

Le daremos nombres a los ritmos y símbolos básicos de la música

Pineapple
Plátano

Blue Pan

Huckleberries
Mariposa

Cherry
Casa

Bass Clef
Clave de FA

Treble clef
Clave de Sol

Rest
Silencio

Let's learn how to point and how to count the numbers from 1 to 4

Play the game of pointing and saying the numbers in different order

Juegue a señalar y a nombrar los números en orden diferente.

Feel the beat or the pulse by counting and pointing at the numbers with different speeds (fast or slow)

Sienta el pulso o tiempo contando y señalando cada número con velocidades diferentes (lento o rápido)

To practice this rhythm note use the word blue or ta

Para practicar esta nota rítmica use la palabra pan o ta

ON THE NEXT PAGE:

1. By pointing at each beat or number say blue or ta

2. By clapping on each beat or number say blue or ta

EN LA PÁGINA SIGUIENTE:

1. Señalando cada tiempo o número diga pan o ta

2. Palmoteando en cada tiempo o número diga pan o ta

BLUE

ta

PAN

Count 1,2,3,4 before you start saying the rhythm

You can also practice in both languages

Cuente 1,2,3,4 antes de decir el ritmo

Puede también practicar en los dos idiomas

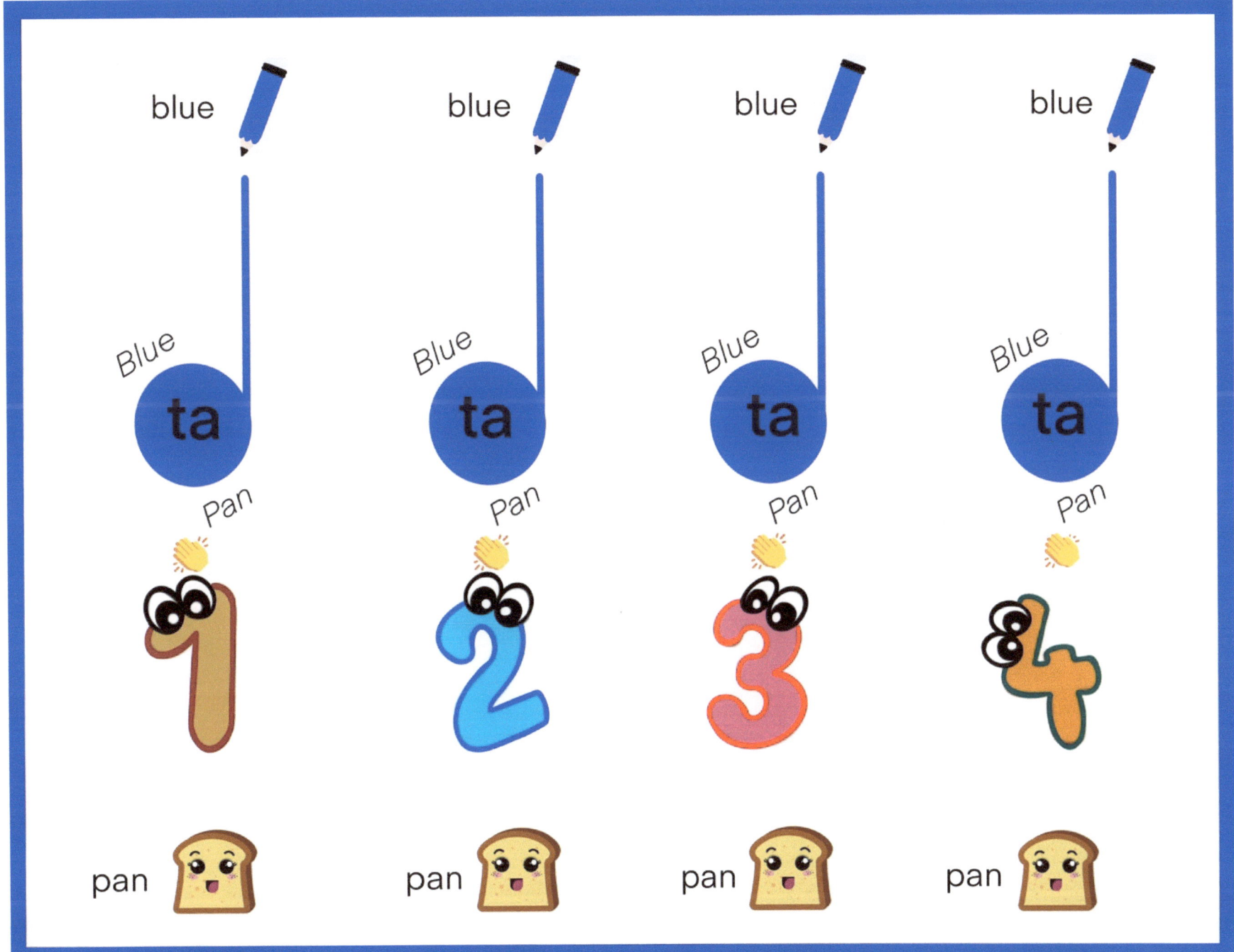

To practice these rhythm notes
use the word cherry or ti-ti

Para practicar estas
notas rítmicas use la
palabra casa o ti-ti

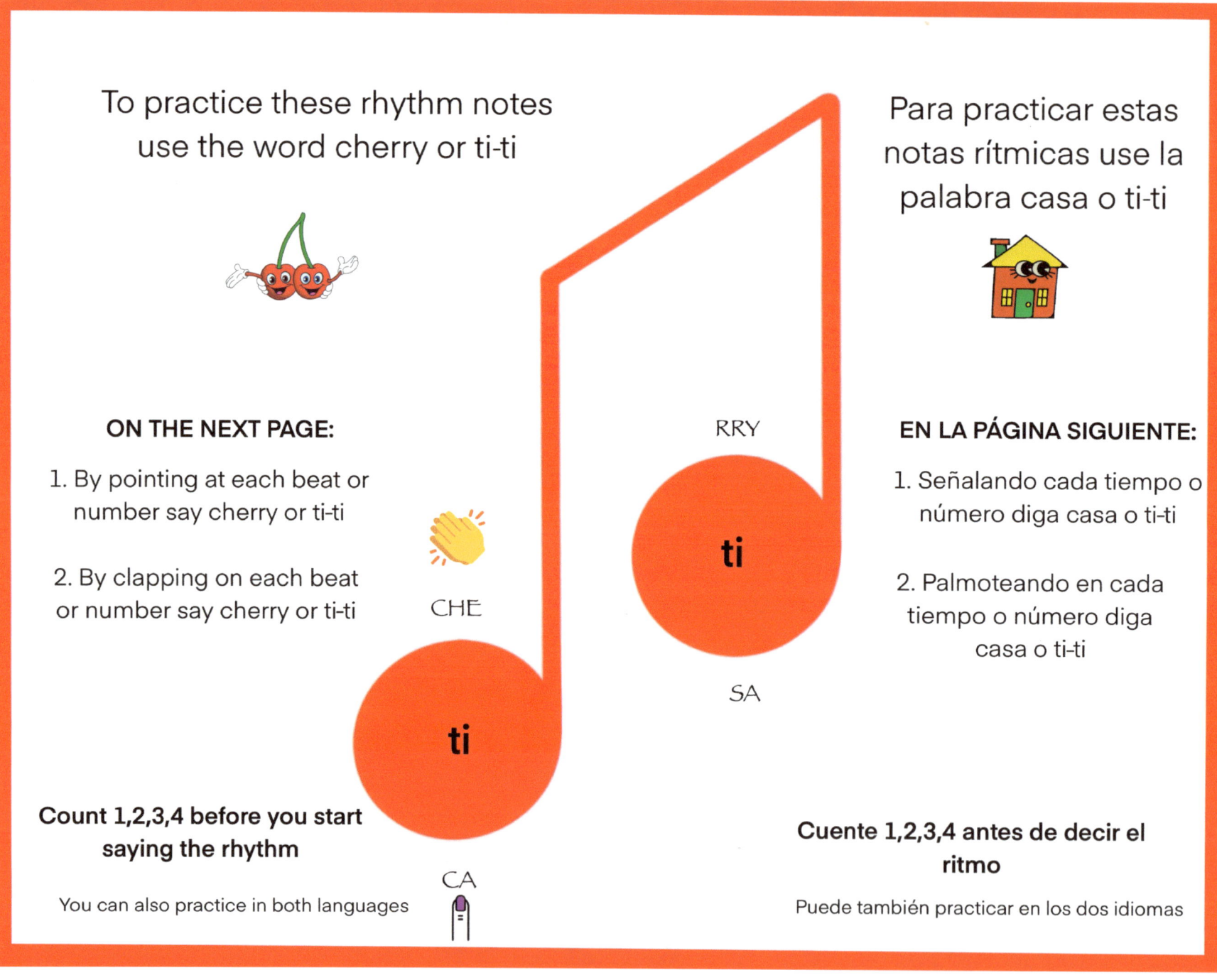

ON THE NEXT PAGE:

1. By pointing at each beat or
number say cherry or ti-ti

2. By clapping on each beat
or number say cherry or ti-ti

EN LA PÁGINA SIGUIENTE:

1. Señalando cada tiempo o
número diga casa o ti-ti

2. Palmoteando en cada
tiempo o número diga
casa o ti-ti

**Count 1,2,3,4 before you start
saying the rhythm**

You can also practice in both languages

**Cuente 1,2,3,4 antes de decir el
ritmo**

Puede también practicar en los dos idiomas

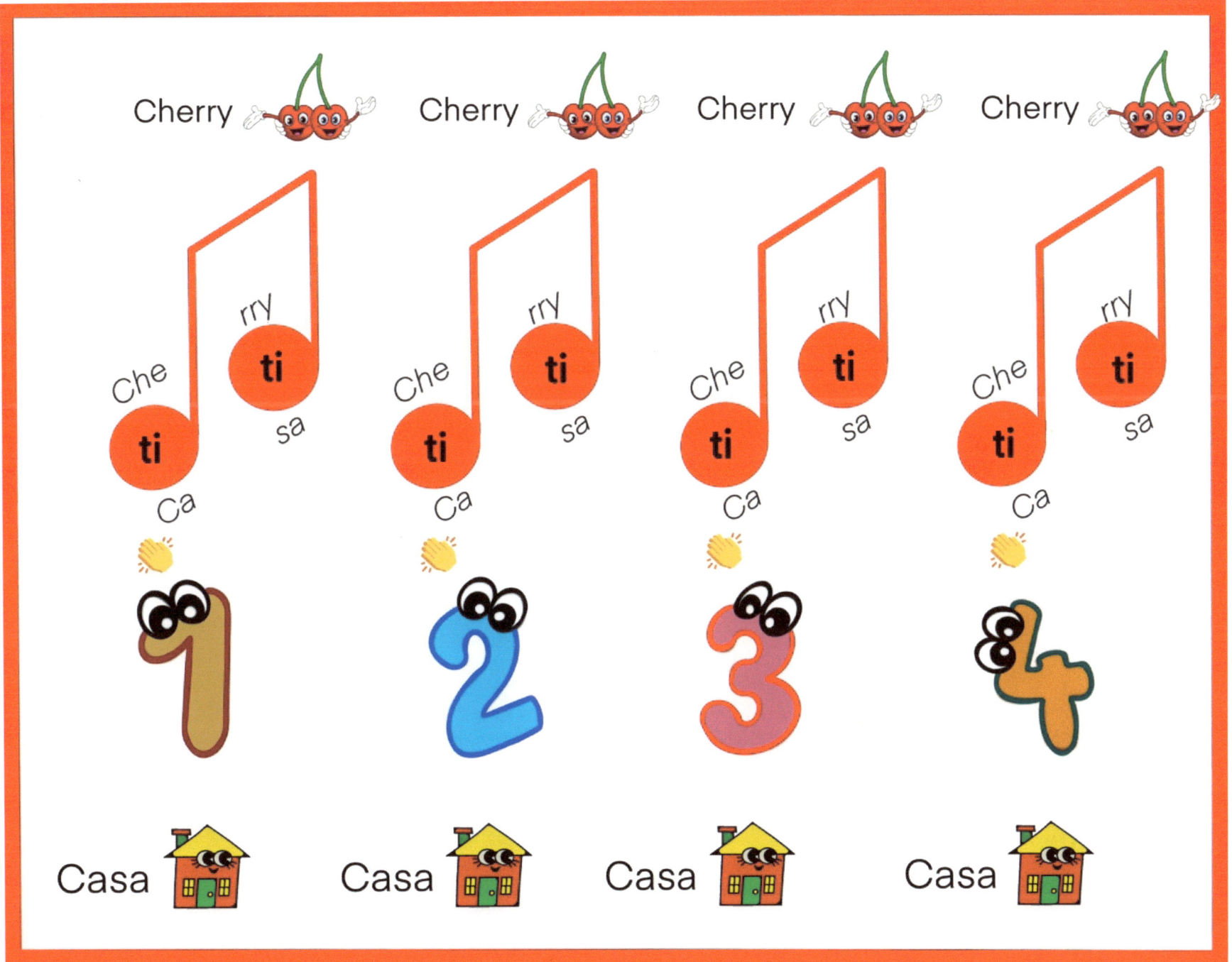

To practice these rhythm notes use the word pineapple or ti ti ti

Para practicar estas notas rítmicas use la palabra plátano o ti-ti-ti

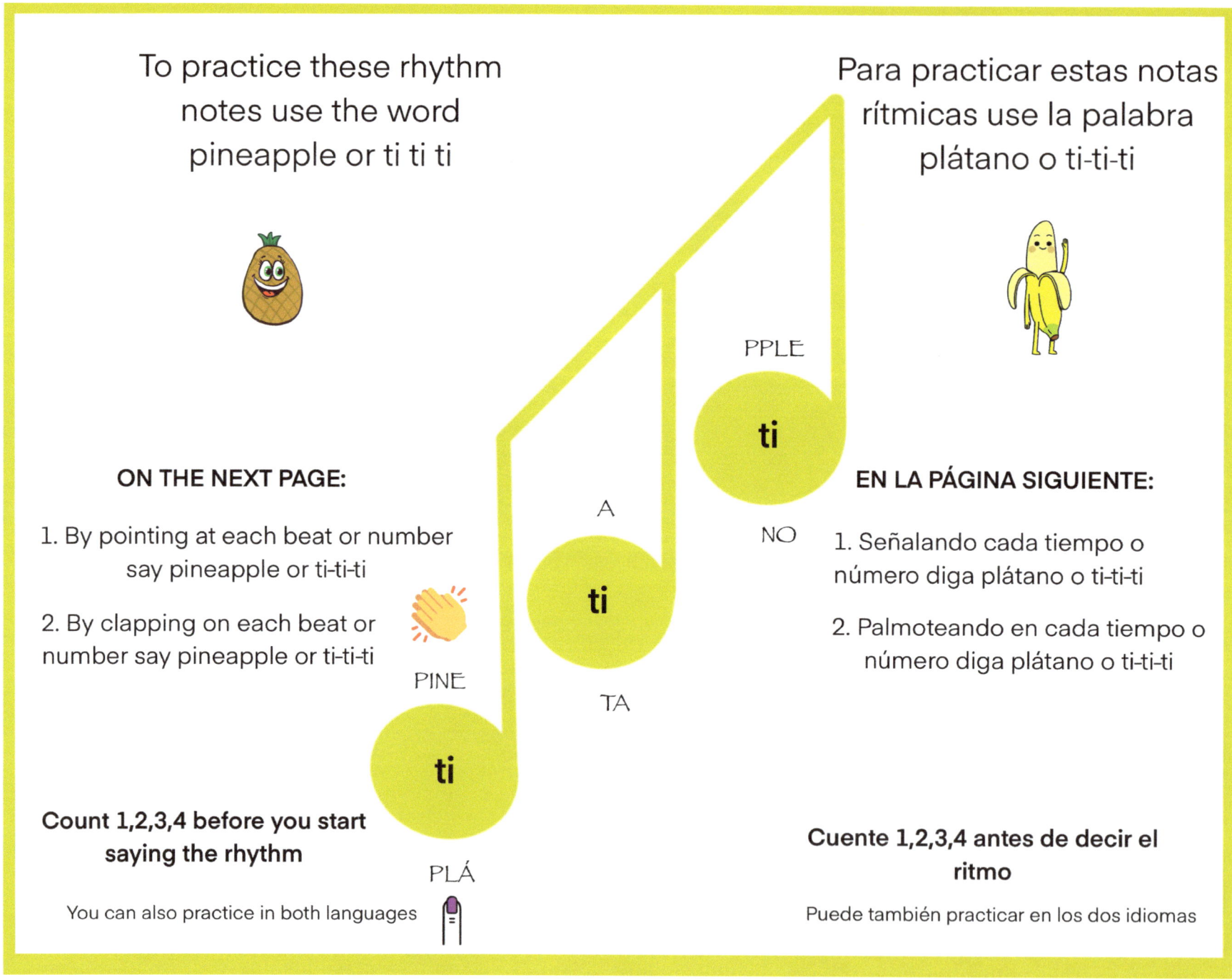

ON THE NEXT PAGE:

1. By pointing at each beat or number say pineapple or ti-ti-ti

2. By clapping on each beat or number say pineapple or ti-ti-ti

EN LA PÁGINA SIGUIENTE:

1. Señalando cada tiempo o número diga plátano o ti-ti-ti

2. Palmoteando en cada tiempo o número diga plátano o ti-ti-ti

PPLE

ti

A

NO

ti

ti

PINE

TA

PLÁ

Count 1,2,3,4 before you start saying the rhythm

You can also practice in both languages

Cuente 1,2,3,4 antes de decir el ritmo

Puede también practicar en los dos idiomas

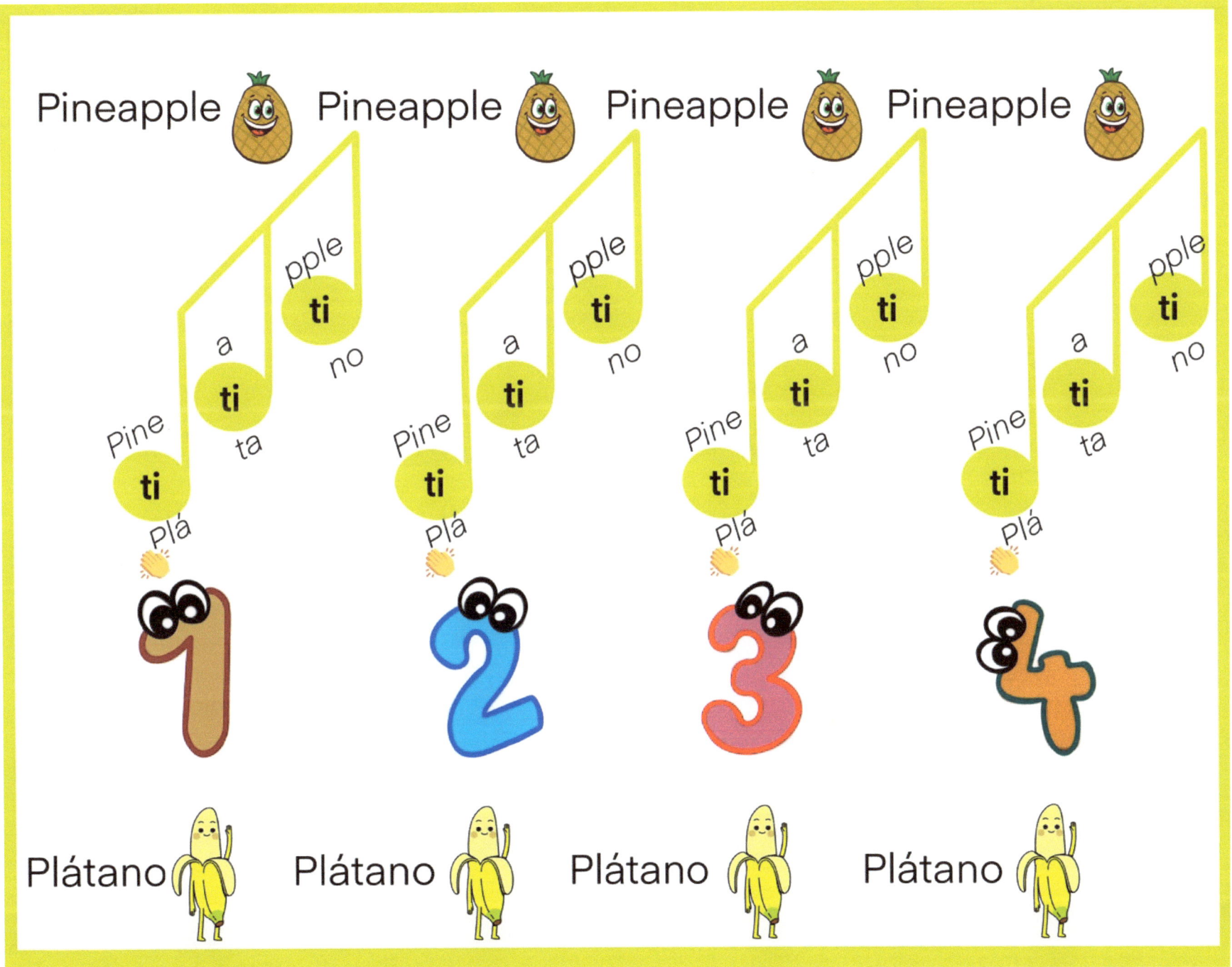

To practice these rhythm notes use the word huckleberries or ti-ti-ti-ti

Para practicar estas notas rítmicas use la palabra mariposa o ti-ti-ti-ti

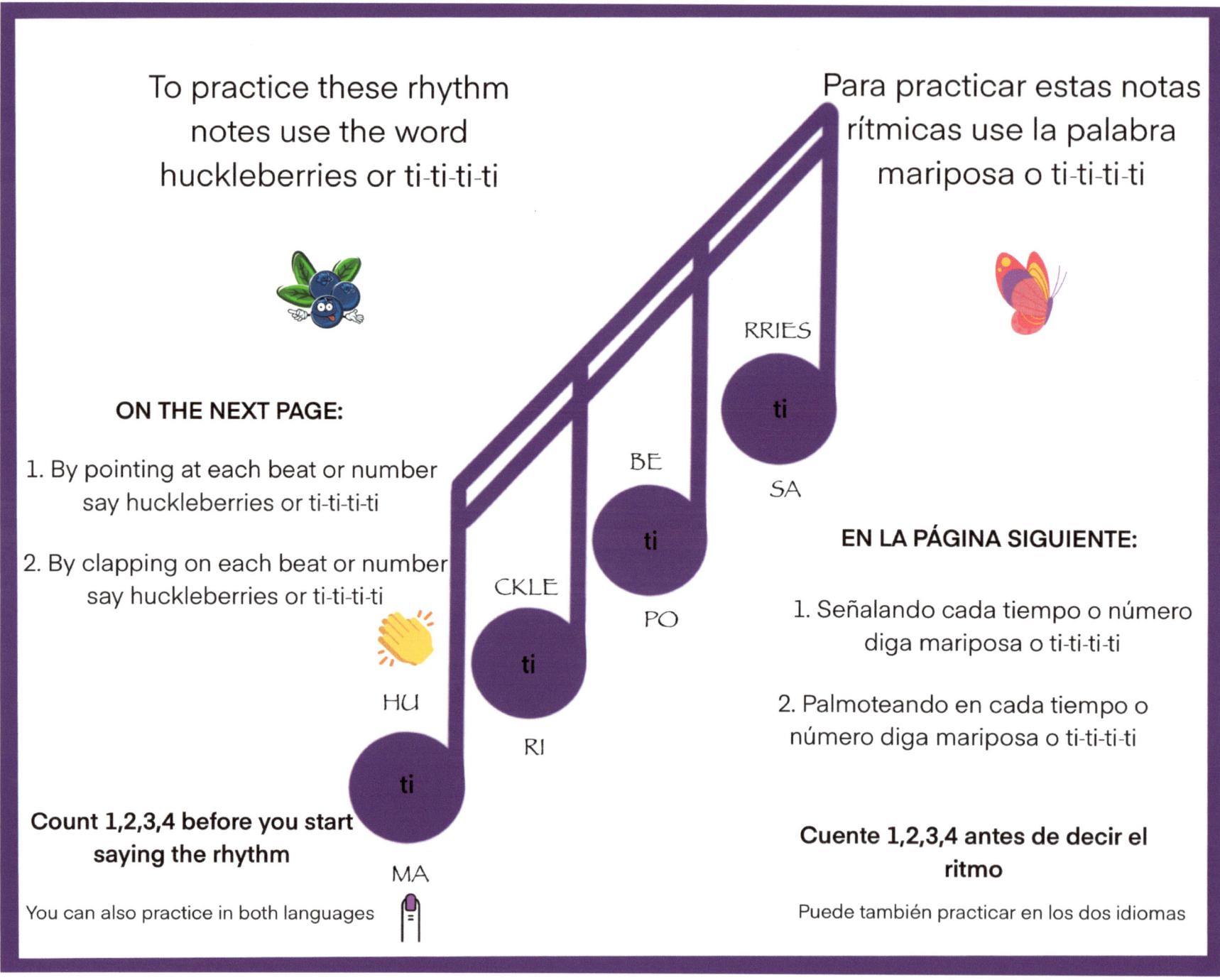

ON THE NEXT PAGE:

1. By pointing at each beat or number say huckleberries or ti-ti-ti-ti

2. By clapping on each beat or number say huckleberries or ti-ti-ti-ti

CKLE

BE

RRIES

ti

PO

SA

ti

HU

ti

RI

ti

MA

EN LA PÁGINA SIGUIENTE:

1. Señalando cada tiempo o número diga mariposa o ti-ti-ti-ti

2. Palmoteando en cada tiempo o número diga mariposa o ti-ti-ti-ti

Count 1,2,3,4 before you start saying the rhythm

You can also practice in both languages

Cuente 1,2,3,4 antes de decir el ritmo

Puede también practicar en los dos idiomas

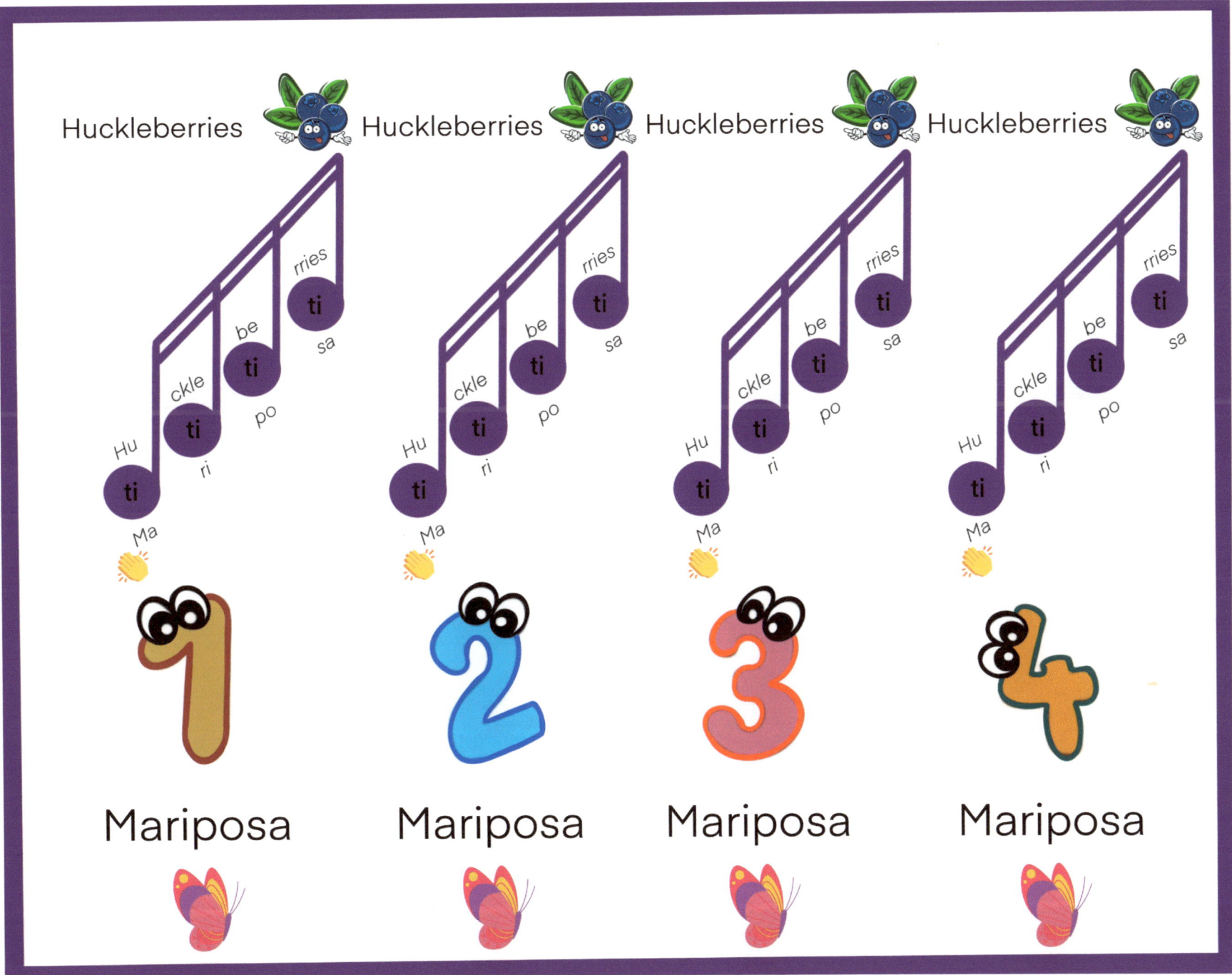

Clap on the beats (numbers) and say the names of blue, cherry, pineapple or huckleberries to do the rhythm

Con las palmas marque los tiempos (números) y diga los nombres de pan, casa, plátano o mariposa

Clap on the beats (numbers) and say the names of blue, cherry, pineapple or huckleberries to do the rhythm

Con las palmas marque los tiempos (números) y diga los nombres de pan, casa, plátano o mariposa

Clap on the beats (numbers) and say the names of blue, cherry, pineapple or huckleberries to do the rhythm

Con las palmas marque los tiempos (números) y diga los nombres de pan, casa, plátano o mariposa

Clap on the beats (numbers) and say the names of blue, cherry, pineapple or huckleberries to do the rhythm

Con las palmas marque los tiempos (números) y diga los nombres de pan, casa, plátano o mariposa

Clap on the beats (numbers) and say the names of blue, cherry, pineapple or huckleberries to do the rhythm

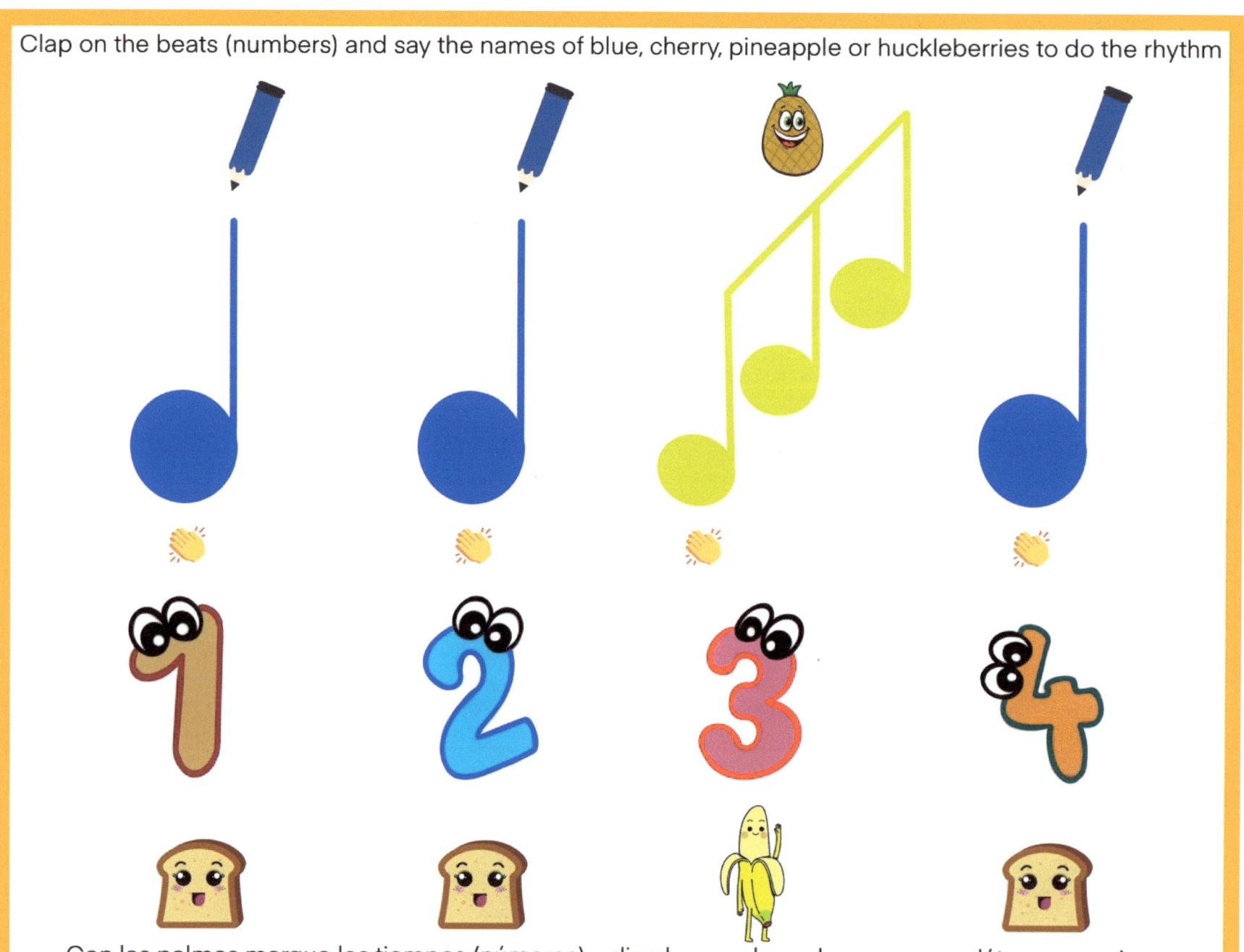

Con las palmas marque los tiempos (números) y diga los nombres de pan, casa, plátano o mariposa

Clap on the beats (numbers) and say the names of blue, cherry, pineapple or huckleberries to do the rhythm

Con las palmas marque los tiempos (números) y diga los nombres de pan, casa, plátano o mariposa

Clap on the beats (numbers) and say the names of blue, cherry, pineapple or huckleberries to do the rhythm

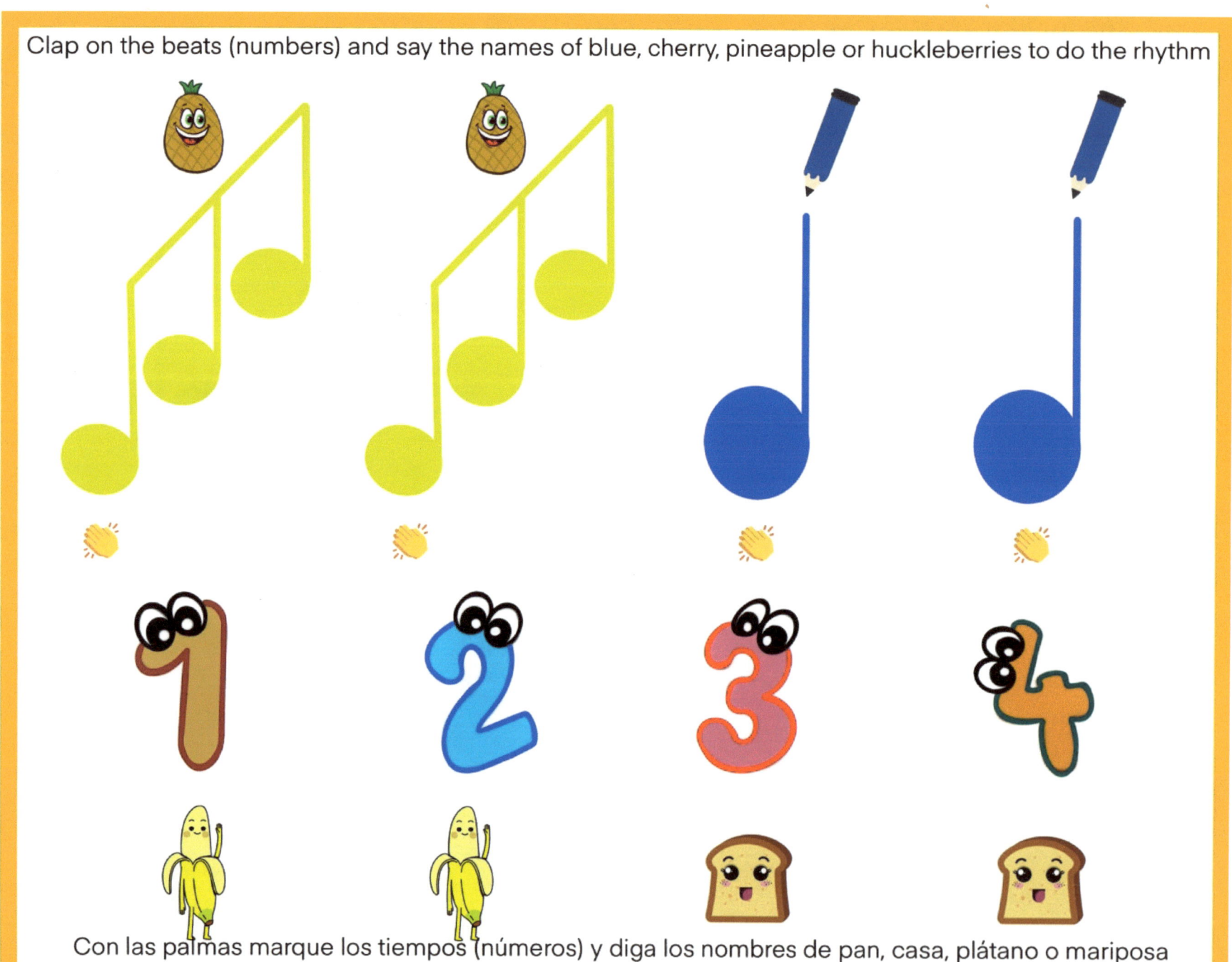

Con las palmas marque los tiempos (números) y diga los nombres de pan, casa, plátano o mariposa

Clap on the beats (numbers) and say the names of blue, cherry, pineapple or huckleberries to do the rhythm

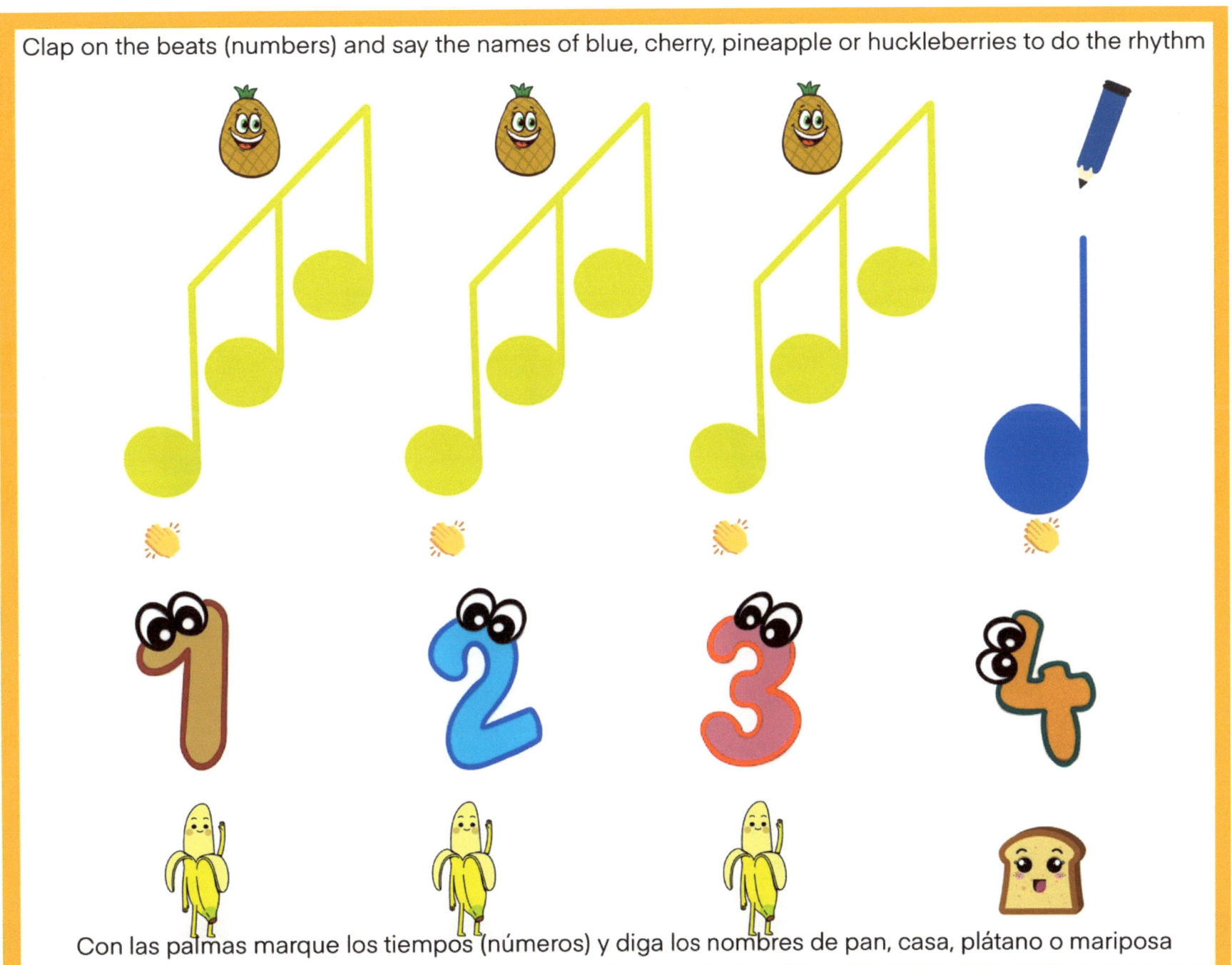

Con las palmas marque los tiempos (números) y diga los nombres de pan, casa, plátano o mariposa

Clap on the beats (numbers) and say the names of blue, cherry, pineapple or huckleberries to do the rhythm

Con las palmas marque los tiempos (números) y diga los nombres de pan, casa, plátano o mariposa

Clap on the beats (numbers) and say the names of blue, cherry, pineapple or huckleberries to do the rhythm

Con las palmas marque los tiempos (números) y diga los nombres de pan, casa, plátano o mariposa

Clap on the beats (numbers) and say the names of blue, cherry, pineapple or huckleberries to do the rhythm

Con las palmas marque los tiempos (números) y diga los nombres de pan, casa, plátano o mariposa

Clap on the beats (numbers) and say the names of blue, cherry, pineapple or huckleberries to do the rhythm

Con las palmas marque los tiempos (números) y diga los nombres de pan, casa, plátano o mariposa

Clap on the beats (numbers) and say the names of blue, cherry, pineapple or huckleberries to do the rhythm

Con las palmas marque los tiempos (números) y diga los nombres de pan, casa, plátano o mariposa

Clap on the beats (numbers) and say the names of blue, cherry, pineapple or huckleberries to do the rhythm

Con las palmas marque los tiempos (números) y diga los nombres de pan, casa, plátano o mariposa

Clap on the beats (numbers) and say the names of blue, cherry, pineapple or huckleberries to do the rhythm

Con las palmas marque los tiempos (números) y diga los nombres de pan, casa, plátano o mariposa

Clap on the beats (numbers) and say the names of blue, cherry, pineapple or huckleberries to do the rhythm

Con las palmas marque los tiempos (números) y diga los nombres de pan, casa, plátano o mariposa

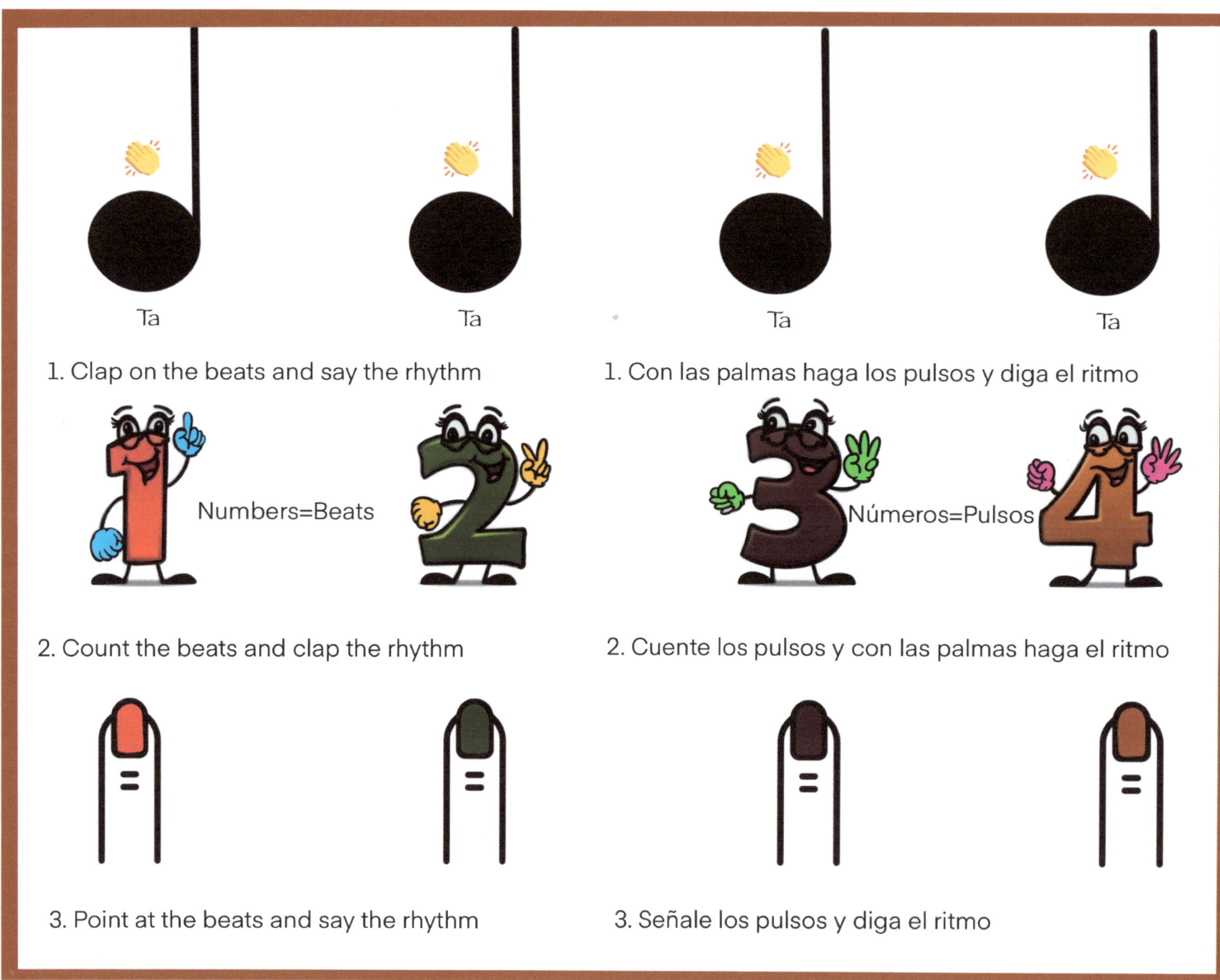

Ta Ta Ta Ta

1. Clap on the beats and say the rhythm

Numbers=Beats

1. Con las palmas haga los pulsos y diga el ritmo

Números=Pulsos

2. Count the beats and clap the rhythm

2. Cuente los pulsos y con las palmas haga el ritmo

3. Point at the beats and say the rhythm

3. Señale los pulsos y diga el ritmo

Sometimes there is silence in the music and it is called **rest**

(Shh)

Ta

A veces hay silencio en la música y se llama **silencio**

(Shh)

Ta

REST ⟶
SILENCIO →

Shh

1. Clap on the beats and say the rhythm

1. Con las palmas haga los pulsos y diga el ritmo

Numbers=Beats

Números=Pulsos

2. Count the beats and clap the rhythm

2. Cuente los pulsos y con las palmas haga el ritmo

3. Point at the beats and say the rhythm

3. Señale los pulsos y diga el ritmo

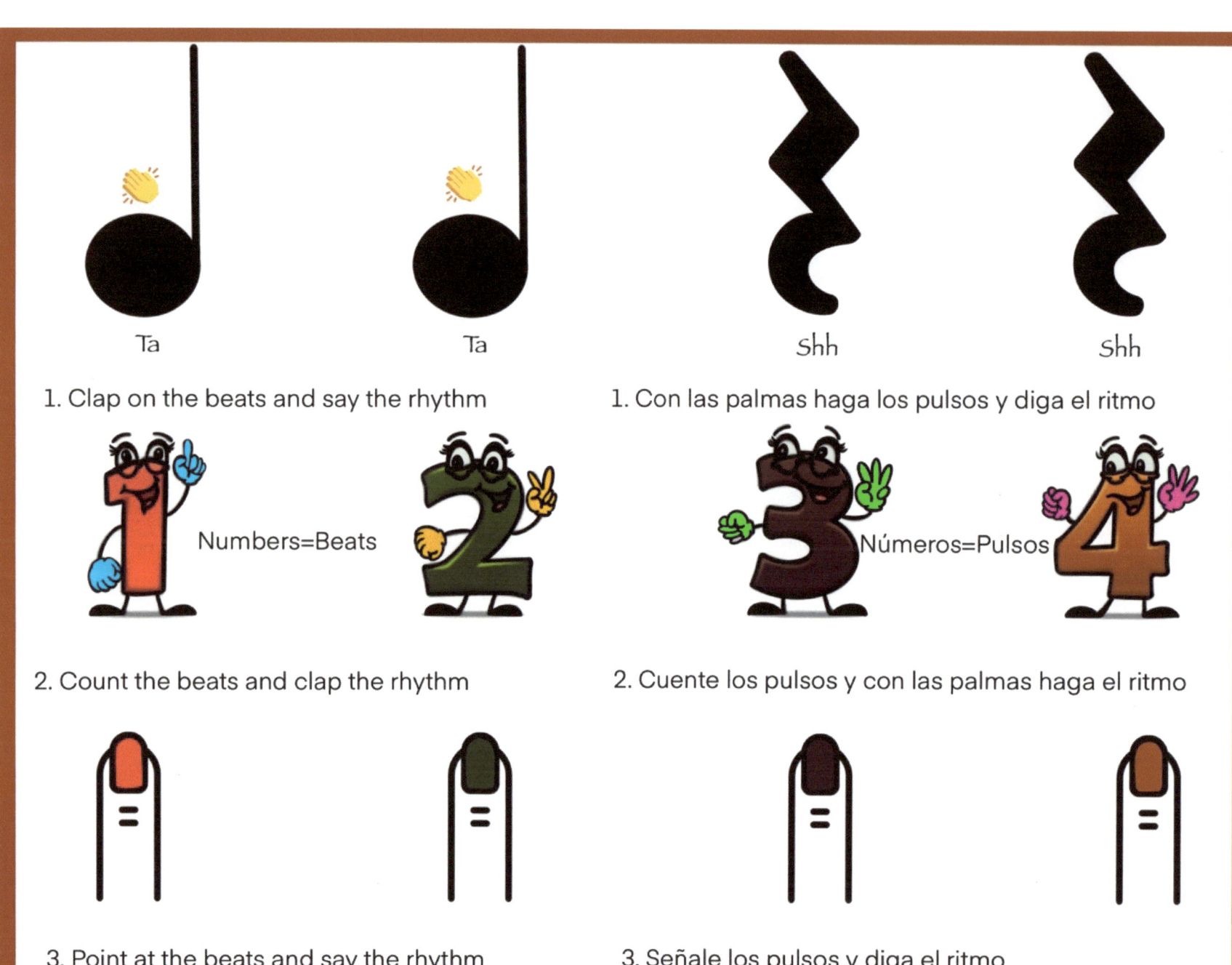

Ta   Ta   Shh   Shh

1. Clap on the beats and say the rhythm   1. Con las palmas haga los pulsos y diga el ritmo

Numbers=Beats   Números=Pulsos

2. Count the beats and clap the rhythm   2. Cuente los pulsos y con las palmas haga el ritmo

3. Point at the beats and say the rhythm   3. Señale los pulsos y diga el ritmo

Ta   Shh

1. Clap on the beats and say the rhythm

Numbers=Beats

2. Count the beats and clap the rhythm

3. Point at the beats and say the rhythm

Ta   Shh

1. Con las palmas haga los pulsos y diga el ritmo

Números=Pulsos

2. Cuente los pulsos y con las palmas haga el ritmo

3. Señale los pulsos y diga el ritmo

Point at the numbers and say the rhythm
with ta, ti-ti or shh

Indique los números y diga el ritmo
con ta, ti-ti o shh

Point at the numbers and say the rhythm
with ta, ti-ti or shh

Indique los números y diga el ritmo
con ta, ti-ti o shh

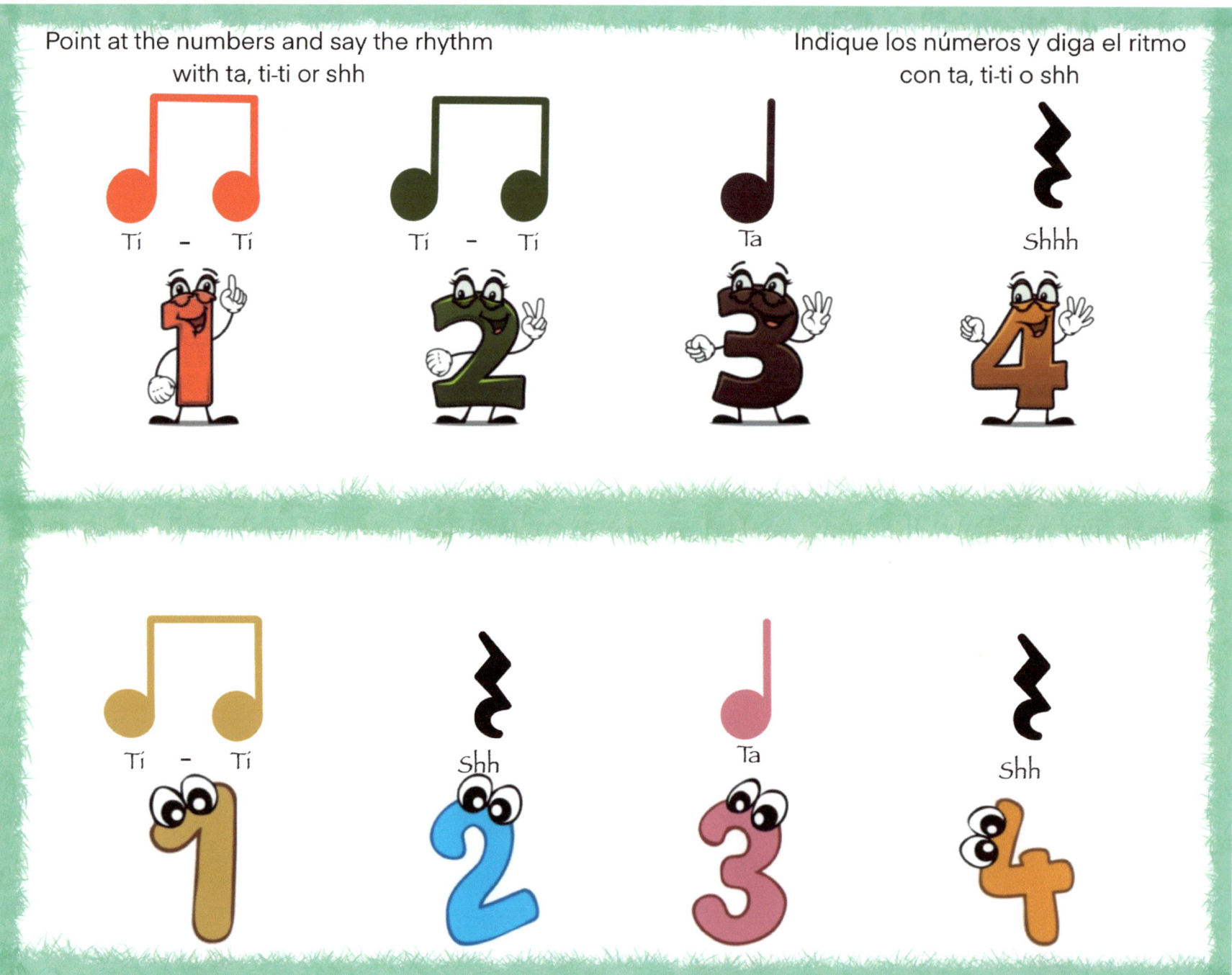

Ti – Ti   Ti – Ti   Ta   Shhh

Ti – Ti   Shh   Ta   Shh

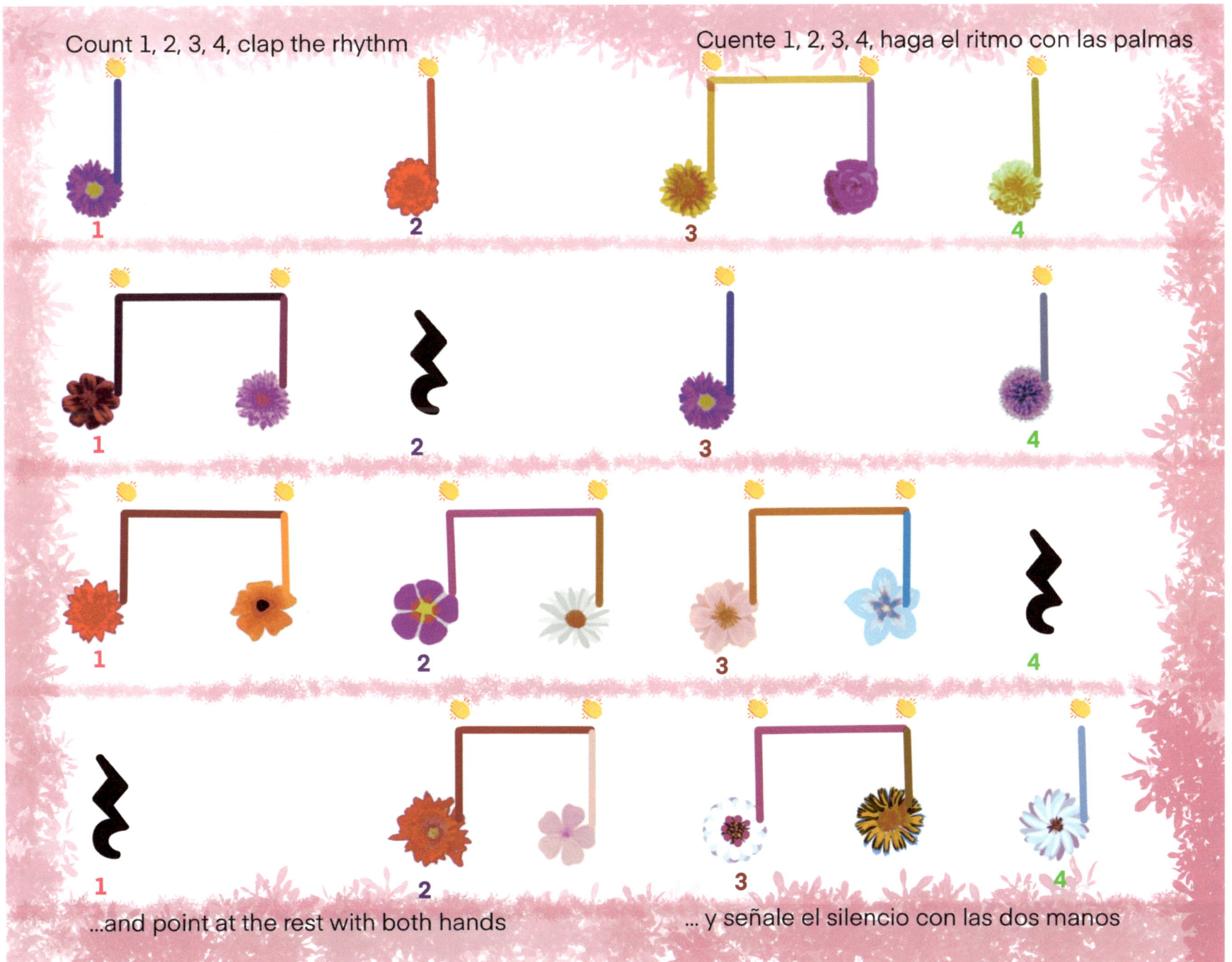

Count 1, 2, 3, 4, clap the rhythm

Cuente 1, 2, 3, 4, haga el ritmo con las palmas

...and point at the rest with both hands

... y señale el silencio con las dos manos

Count 1, 2, 3, 4 and clap the rhythm

Point at the numbers (beats) and say ta or ti-ti

Cuente 1, 2, 3, 4 y haga el ritmo con las palmas

Señale los números (tiempos) y diga ta o ti-ti

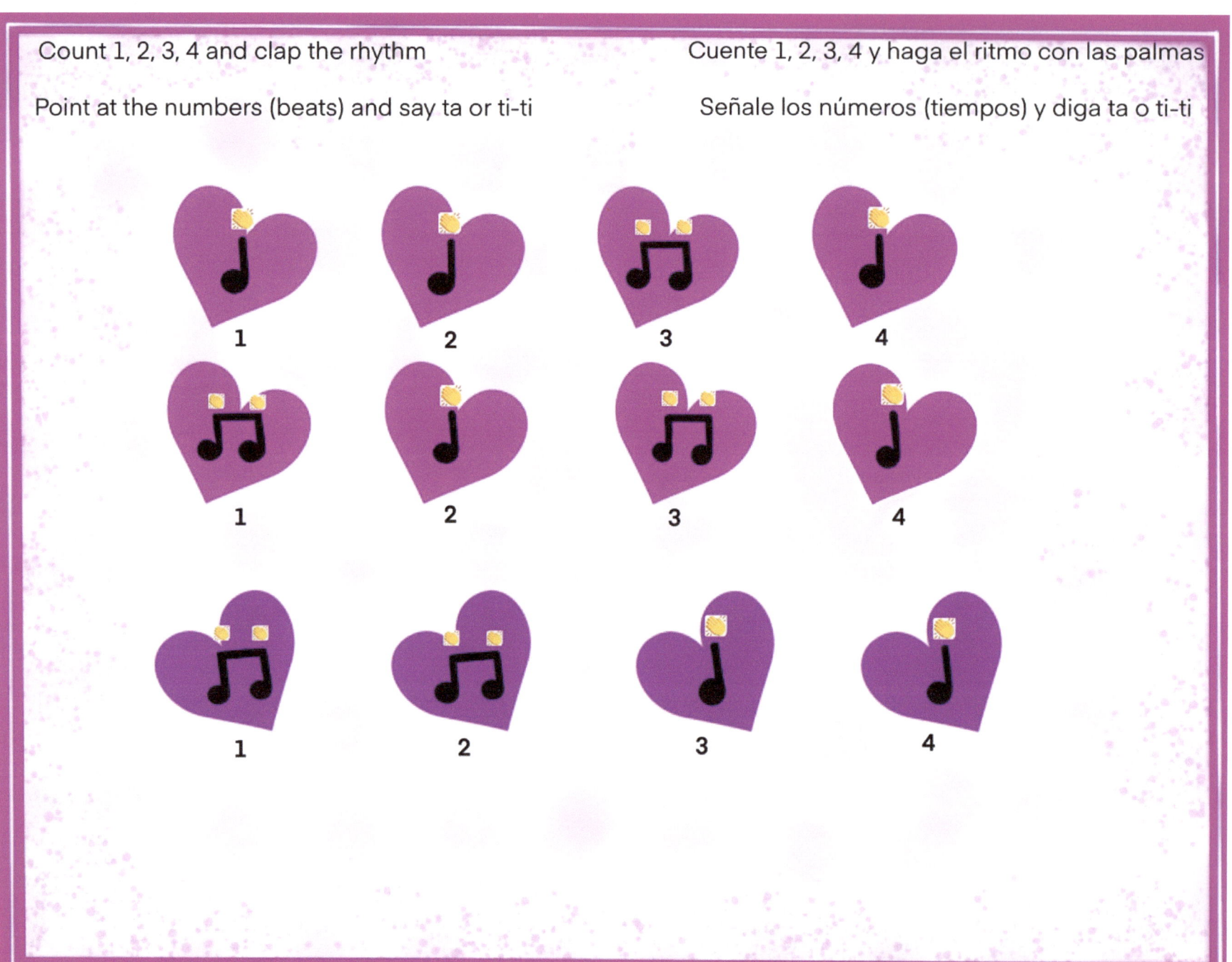

Count
and
clap

Cuente
y
palmas

1 👏   2 👏   3 👏   4 👏

Clap and say
Ta, Ta, Shh, Ta

Don't clap on the rest

Palmas y diga
Ta, Ta, Shh, Ta

No aplauda en el
silencio

Ta 👏   Ta 👏   Shh   Ta 👏

Count
and
clap

Don't clap on the rest

Cuente
y
palmas
No aplauda en el
silencio

1 👏   2   3 👏   4 👏

Clap and say
Ta, Shh, Ta, Shh

Don't clap on the rest

Palmas y diga
Ta, Shh, Ta, Shh

No aplauda en el
silencio

Ta 👏   Shh   Ta 👏   Shh

Point at each balloon and say the rhythm with Ta, Ti-Ti or Shh (repeat a few times)

You can make the rhythm with a drum

Señale cada globo y diga el ritmo con Ta, Ti-Ti o Shh

Puede hacer el ritmo con un tambor

Here the balloons are like the beats

Aquí los globos son como los pulsos

Clap on the beats and say the rhythm

Con las palmas haga el pulso y diga el ritmo

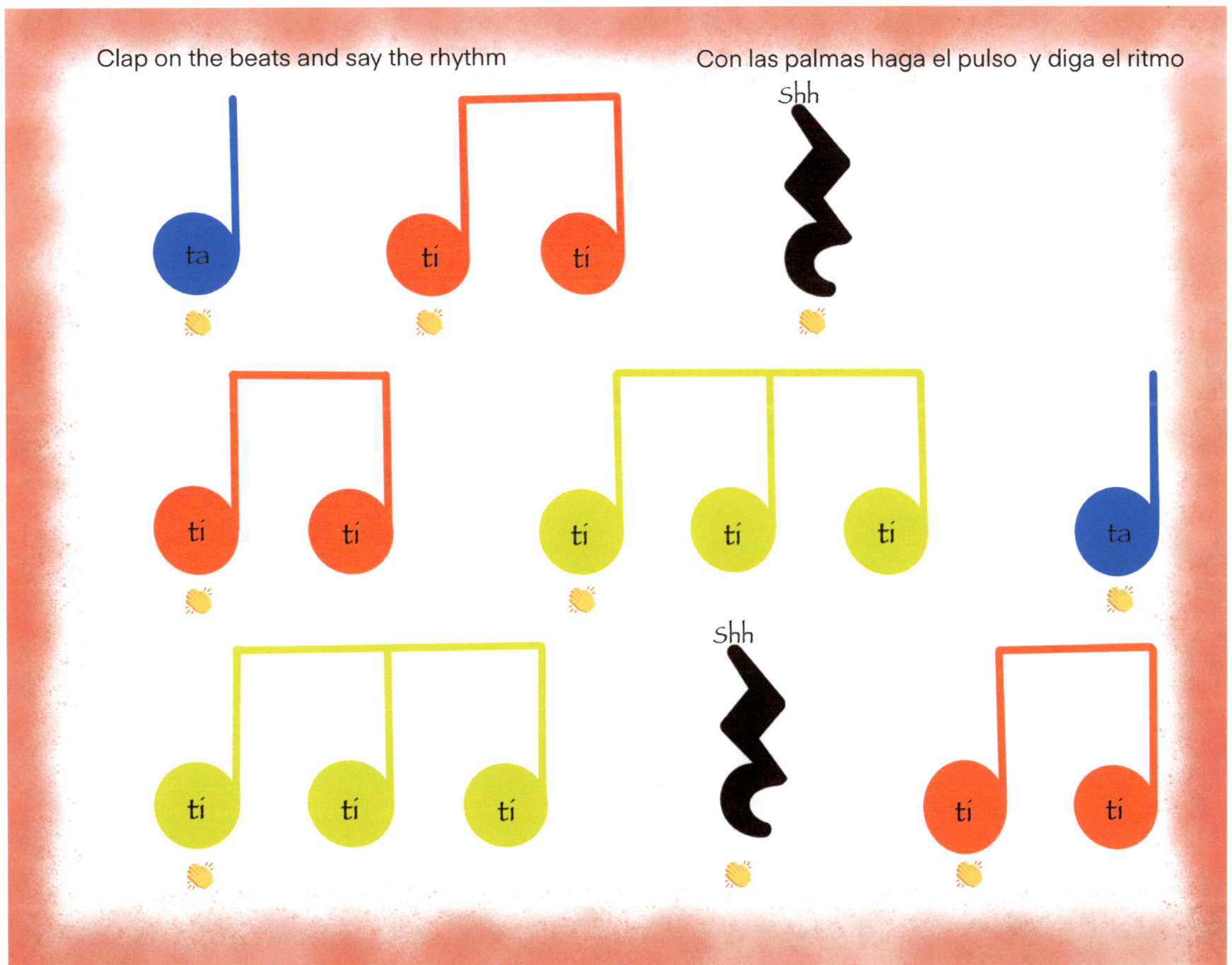

Clap on the beats and say the rhythm   Con las palmas haga el pulso y diga el ritmo

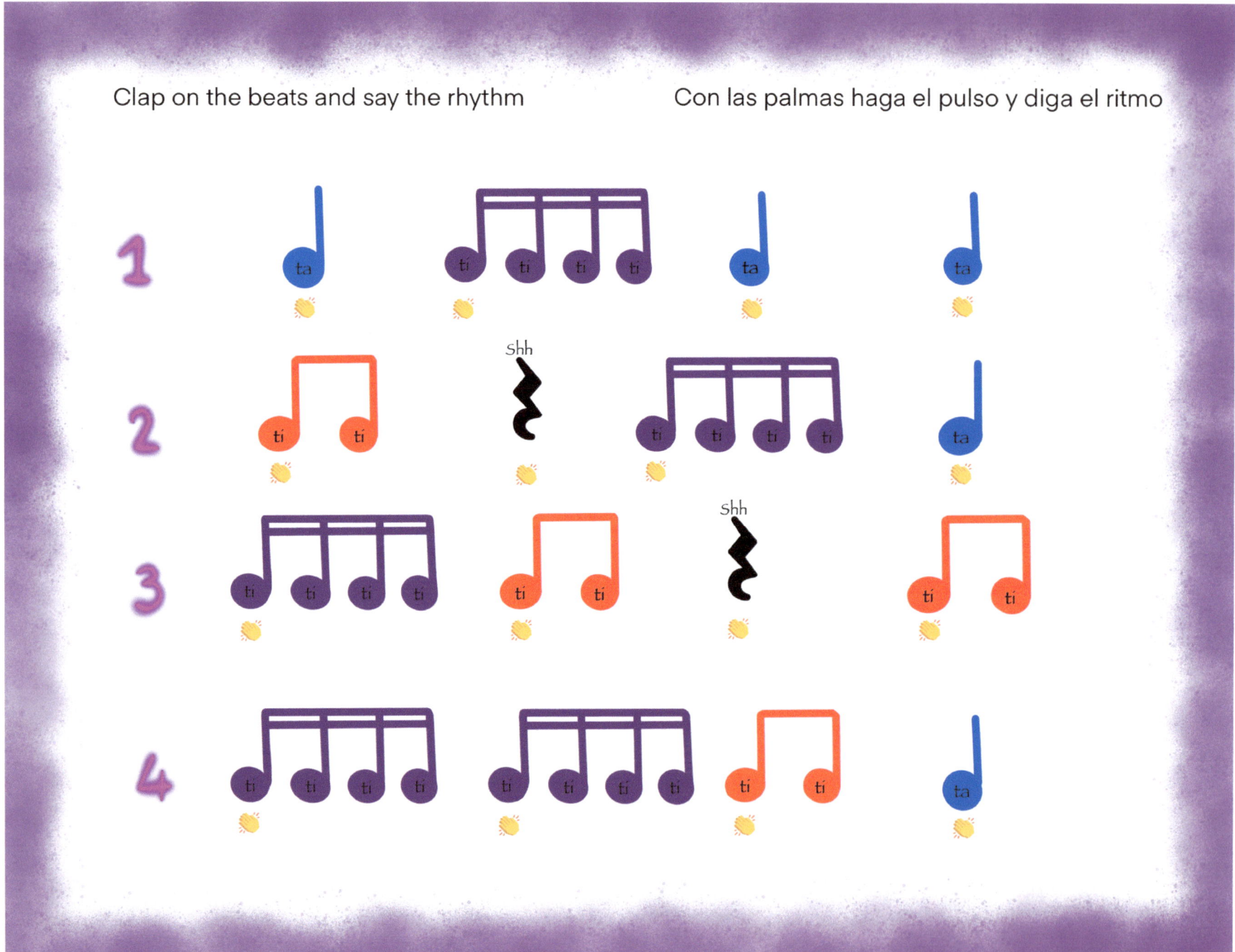

AUTHOR'S BIOGRAPHY – BIOGRAFÍA DE LA AUTORA

Rocío Rodríguez is a professional harpist and has been part of numerous symphony orchestras in Canada, United States, Sweden, Spain, Colombia, and Arab Emirates. In addition, she has been interested in teaching music to children and for more than 20 years she has taught music with private classes and in different educational and musical institutions. Through her enormous experience, Rocío has designed a unique musical learning system for preschoolers so children can quickly learn music reading in a fun way that will serve as the basis to start playing any musical instrument. This system based on different methods such as Kodaly, Montessori, the French system (solfège or solfeggio) and the English system (letters notes) is reflected in **The Musical Family Collection** also written in two languages, English and Spanish.

Rocío Rodríguez es una arpista profesional y ha sido parte de numerosas orquestas sinfónicas en Canadá, Estados Unidos, Suecia, España, Colombia y Emiratos Árabes. Además, ella se ha interesado en la enseñanza musical de los más pequeños y por más de 20 años ha enseñado música con clases privadas y en diferentes instituciones educativas y musicales. A través de su enorme experiencia, Rocío ha diseñado un sistema de aprendizaje musical único, para que los niños en edad pre-escolar aprendan de manera rápida y divertida la lectura musical que servirá de base para empezar a tocar cualquier instrumento musical. Este sistema basado en diferentes métodos como Kodaly, Montessori, el sistema francés (solfeo) y el sistema inglés (notas con letras) se encuentra plasmado en la **Colección La Familia Musical** escrita además en dos idiomas, inglés y español.

The Musical Family Collection (**Book 1: Rhythm**, Book 2: Notes, Book 3: Measure, Book 4: Activity Book)
Colección La Familia Musical (**Libro 1: Ritmo**, Libro 2: Notas, Libro 3: Compás, Libro 4: Libro de Actividades)

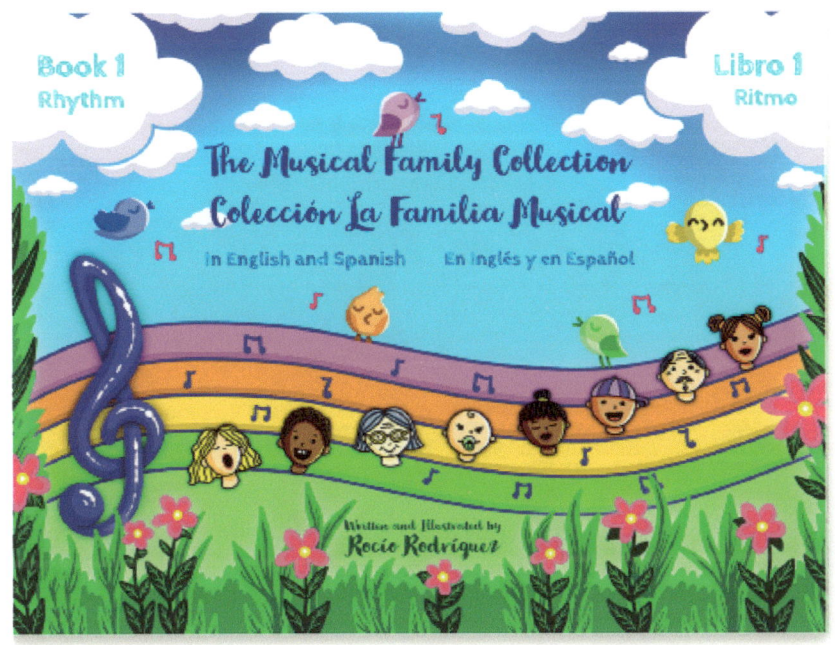

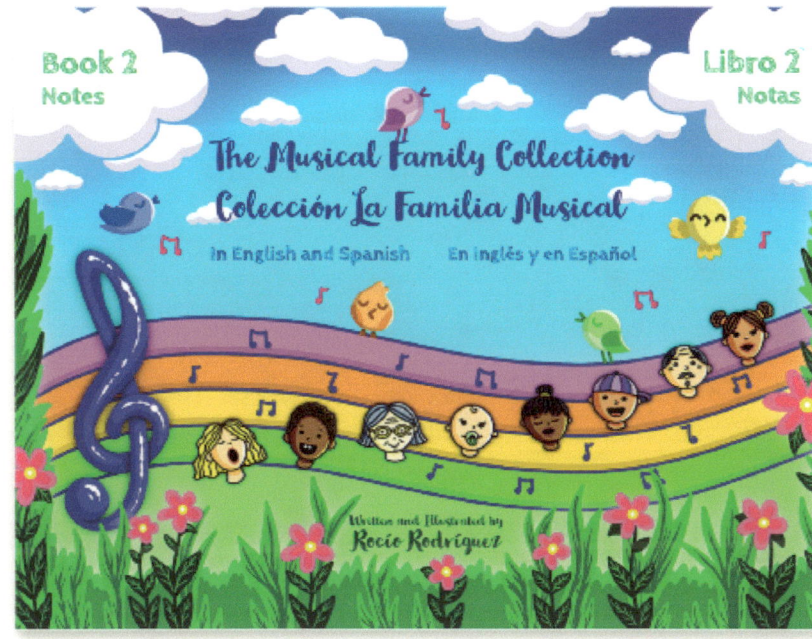

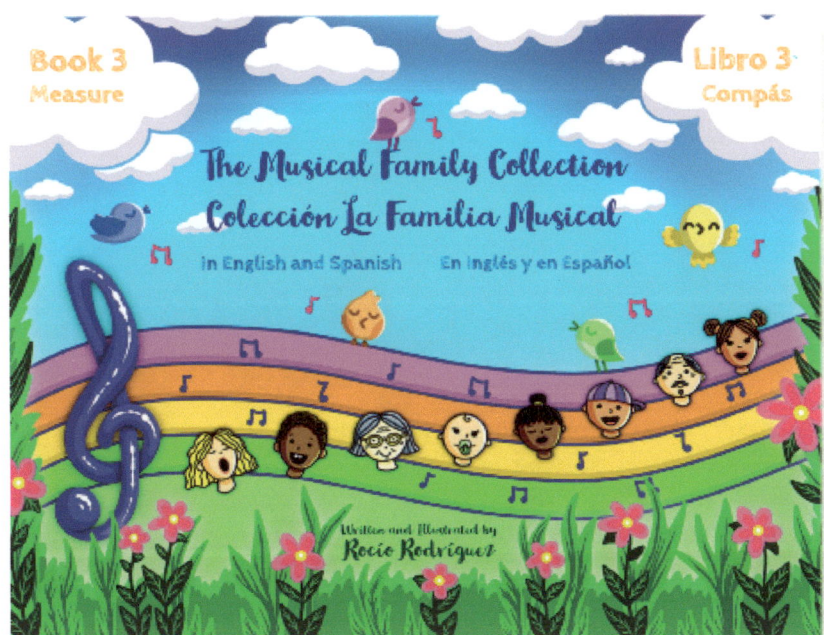

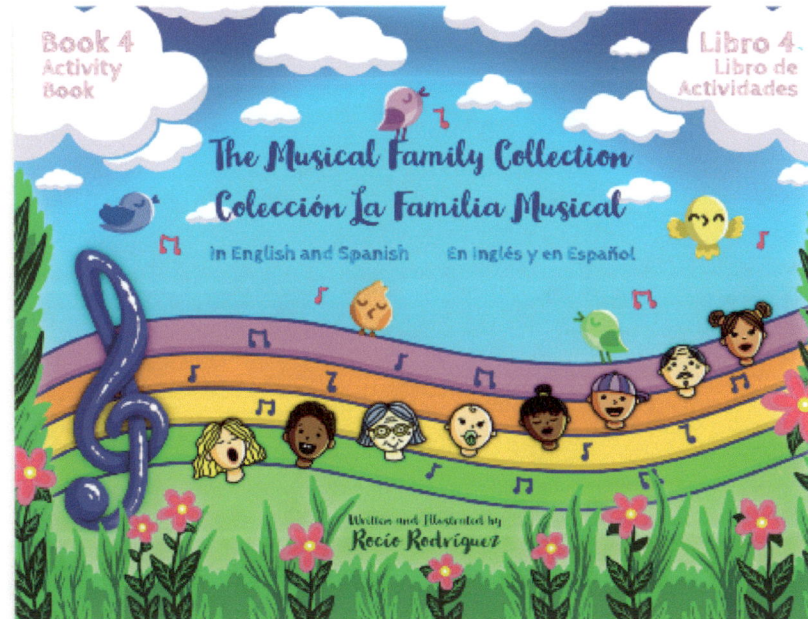

www.ingramcontent.com/pod-product-compliance
Lightning Source LLC
Chambersburg PA
CBHW040818120626

46551CB00004B/589